U0149136

感 動

Emotions

青峰 詩選

A collection of poetry

Un recueil de poésie

Albert Young

目錄
Contents
Table des matières

序
Preface
Préface

序

我一向認為，現代詩人所面臨的最大挑戰，是用最簡單的形式及最少的文字來表達最深刻的意義及最強烈的感情。我不相信現代詩的語言非艱深晦澀或分崩離析不可。一個有創意的詩人必能從日常生活中提煉出人人能懂、卻也能使每個人有所得有所悟有所感有所悅的時代語言。這樣寫出來的詩一定會吸引讀者，而非把讀者拒于千里之外。還有，由於這種語言同生活息息相關，寫成的作品便不至於太脫離現實，或成為虛無縹緲不知所云的文字遊戲。我很高興有機會讀到青峰這些樸實無華的詩作。從這些描述平凡人物、地方或事件的詩裡，讀者能深切地感受到詩人腳踏實地的人生態度，以及悲天憫人的情懷。

我猜想青峰的這些可貴的性格可能同他的生長背景有關。他從小隨著家人在衣索比亞、臺灣和法國等地長大，又在法國及美國受過高等教育，并精通中、英、法、三種語言。在這種多元文化的薰陶滋潤下，我們不難了解他如何培育出開闊的眼光與心胸。無疑的，他的父親，名詩人楊允達先生，在塑造他成為一個優秀詩人的過程中，也有其功不可沒的影響。我深信，青峰遲早會達到他父親在今天國際詩界上所享有的地位與聲譽。對一個詩的家庭來說，沒有比這更值得高興慶祝的了。

非馬
2017 年 4 月 4 日，美國，芝加哥

Preface

I have always felt that the greatest challenge for the modern poet is to express the deepest meaning and the strongest feeling while using the simplest form and the least amount of words. I do not believe that the language of modern poetry needs to be difficult, obscure, or fragmented. A creative poet can always extract something from everyday life and purify it into the language of the times, so that it can be understood, appreciated, felt, and enjoyed by everybody. Such an approach to poetry entices, rather than turns away, readers. Furthermore, because the poem's language is closely related to actual life, it has a lesser chance of departing from reality and becoming simply a word game. I was thrilled to be given the opportunity to preview these substantive yet simple poems by Albert Young. They deal with ordinary people, places and events. As such, they allow the reader to better understand and appreciate his sound approach to life, as well as his deep feelings of love and compassion.

I can only presume that these prized and subtle qualities are attributable to Mr. Young's unique background, having grown up in Ethiopia, Taiwan and then France. He successfully received advanced education in France and the United States, and is fluent in three languages: Chinese, English and French. With these diverse multi-cultural influences, it is easy to understand how Mr. Young developed such an open vision and mind. Undoubtedly, his father, the well-known poet Dr. Maurus Young, was also a pivotal influence in shaping him into the poet that he is today. I have great confidence that it is only a matter of time before Albert Young achieves the stature and renown enjoyed by his father in the literary community. For a poetry family, that would indeed be something to celebrate.

William Marr
Chicago, 4 April 2017

Préface

J'ai toujours pensé que le plus grand défi pour les poètes d'aujourd'hui est d'exprimer le sens le plus profond et le sentiment le plus fort tout en utilisant la forme la plus simple et le moins de mots possible. Je ne crois pas que le langage de la poésie moderne se doit d'être difficile, obscur ou fragmenté. Un poète créatif peut toujours extraire quelque chose de la vie de tous les jours pour ensuite la distiller en un langage de notre temps, qui peut être compris, apprécié, senti et aimé par tout le monde. Une telle approche attire les lecteurs, au lieu de les éloigner. De plus, plus le langage du poème est proche de la vie réelle, moins il risque de se détacher de la réalité et de se réduire simplement à un jeu avec des mots. J'ai été ravi d'avoir l'opportunité de lire avant leur publication ces poèmes à la fois pleins de substance et simples à comprendre d'Albert Young. Ils parlent de gens, d'endroits et d'événements ordinaires. De ce fait, ils permettent au lecteur de mieux comprendre et apprécier sa bonne approche de la vie, ainsi que ses sentiments profonds d'amour et de compassion.

Je ne peux que penser que M. Young doit ses qualités nobles et raffinées à ses origines uniques, car il a grandi successivement en Ethiopie, à Taiwan puis en France. Il a suivi avec succès des études supérieures en France et aux Etats Unis, et est parfaitement trilingue en chinois, anglais et français. Avec des influences aussi diverses et multiculturelles, il est aisé de comprendre que M. Young a pu développer une vision et un esprit très ouverts. Sans aucun doute, son père, le poète de renom, Dr. Maurus Young, a exercé une influence déterminante pour le façonner en le poète qu'il est aujourd'hui. J'ai toute confiance que ce n'est qu'une question de temps avant qu'Albert Young n'atteigne une stature et une renommée comparables à celles de son père dans le monde littéraire. Pour une famille de poètes, ce serait vraiment quelque chose à célébrer.

William Marr
Chicago, le 4 avril 2017

前言
Foreword
Avant-propos

前言

我於 2016 年 6 月出版的第一本詩集 "瞬間" 是一本以表達個人生活與感情為主的作品。詩集裡，我分享了那些在我生命中留下深深烙印的特殊瞬間。在每一首詩裡，我都嘗試捕捉和傳遞一份情感。詩集推出後，不少讀者來信表示，讀了之後深受感動。他們尤其喜歡我簡潔和直接的文筆，感覺能與我所敘述的故事產生共鳴，同時感受到那一份情感。

在 2016 年 9 月於布拉格舉行的世界詩人大會時，一位來自英國的外科醫生，特地來找到我和我太太。他告訴我，當他讀過 "窗" 這首詩之後非常感動。很多去過貧窮國家的遊客都有過類似震撼經歷，深深改變我們的人生觀。這位文友對我作品的反饋讓我激動萬分。

今年，收到一位中國讀者來函：

"…拿到手就翻看了幾頁，沒想到就一發不可收拾。正如你說的不需要精美的字句，華麗的言語，簡單，簡短的字句，卻更加朗朗上口，讓人容易閱讀和理解。很快就可以讀完一遍，但是回頭再讀第二遍，第三遍卻越來越有感覺！越是接近生活的東西想來也是越能感動讀者的吧！…"。

在這個一天二十四小時都被社交網路佔據的世界裡，能聽到有人被一本書，而且是一本詩集的，樸實和真誠吸引，實在是一件令人欣慰的事。

這些讀者的反饋，都是鼓勵我繼續走下去的動力。

在我第二本詩集 "感動" 裡，我將繼續探討和尋找各式各樣的情感，因為我深信只有情感才是生命的精華。當我細心觀察周遭世界的時候，會發現到，一些雖然看起來極為平凡的人物，地方或事情，往往在其背後卻有著非凡的一面。那些都是等待著我去挖掘和敘述的動人故事及傳達的美麗情感。

這本詩集收錄我 20 首新作品，並依照我的心路歷程來編排為三部分。我在第一部分的幾首詩裡分享我個人的迷失感。我在尋找什麼？我渴望的是什麼？第二部分敘述我在人生中的一些巧遇。每個巧遇所帶來的情感都使我對人生更加體會及理解。第三部分的幾首詩表述我在這歷程中得到的一些領悟。

我要再一次的深深感謝我的父親，楊允達先生。他默默的在背後支持和鼓勵我，並推動我完成第二本詩集。

我期待你們的回饋意見。請寄電郵到：
albert.young.poetry@gmail.com。

2017 年 3 月 15 日，瑞士，優納

Foreword

My first collection of poetry, "Moments", published in June 2016, was a very personal and intimate work. I shared there these special moments which made a lasting impact on my life. In each of the pieces there, I tried to capture and convey an emotion. It struck a chord with those reading my work. Many liked the simple and direct style, connected with the stories I told, and felt the emotion.

During the World Congress of Poets, held in Prague in September 2016, an English-speaking surgeon from the UK, specifically came to find me and my wife. He wanted to tell me how much he was touched when he read through "The window". Many who have travelled to the poorer countries had similar experiences which are so powerful that they change forever the way we look at life. This unexpected feedback really made my day.

Later, this year, a Chinese reader wrote me:

"... I started to casually flip through the collection, but did not expect that I would be so captivated. Just as you said, there is no need for sophisticated words or refined languages. Simple and short words on the contrary sound so much better, are easy to read and understand. I read through quickly a first time, but then re-read again and again, each time with deeper feelings. I realize now that the simple things in life are also those which can be the most moving ..."

In a world today where people revel in the constantly connected world of social media, it is so heartwarming to hear that someone has enjoyed the simplicity and the sincerity of a book, and, what is more, a book of poetry.

All this encourages me to further explore a path I set myself on.

What I wanted to do with "Emotions", this second collection of poetry, is to continue on my quest of emotions, which I believe are the essence of life. As I tune myself into the world around me, I realize how much the very ordinary people, places and things can be often so extraordinary. If I take the time to look behind, there are a lot of moving stories to be uncovered and told, and a beautiful emotion to be shared.

I have arranged the 20 new pieces in this collection along a journey, in 3 sections. I start with pieces where I share my sense of loss. What am I looking for? What do I aspire to? They introduce then the different encounters, which piece together an emotional fabric that helps me make sense of life. I then conclude with a few pieces about what I have come, for now, to understand.

Again, I am deeply indebted to my father, Dr. Maurus Young, who kindly pushed me to complete this second collection, by supporting and encouraging me in my work.

I look forward to your feedback. Please e-mail me at albert.young.poetry@gmail.com.

Jona, Switzerland, 15 March 2017

Avant-propos

Mon premier recueil de poésie, "Moments", publié en juin 2016, était une œuvre très personnelle et intime. J'y ai partagé ces moments particuliers qui ont laissé une empreinte durable sur ma vie. Dans chacun des poèmes, j'ai cherché à capturer et transmettre une émotion. Ils ont trouvé un écho chez les lecteurs. Beaucoup ont aimé le style simple et direct, se sont reconnus dans les histoires que j'ai racontées, et ressenti cette émotion.

Pendant le Congrès Mondial des Poètes, qui s'est tenu à Prague en septembre 2016, un chirurgien anglophone du Royaume Uni, est venu spécialement nous trouver, moi et mon épouse. Il voulait me dire combien il était touché à la lecture de "La fenêtre". Beaucoup de ceux qui ont voyagé dans les pays pauvres ont eu des expériences similaires, qui peuvent être si fortes qu'elles changent à jamais la façon dont nous voyons la vie. Ce commentaire inattendu m'a vraiment ravi.

Plus tard, cette année, une lectrice chinoise m'a écrit :

"… j'ai commencé à feuilleter le recueil d'un œil distrait, puis quelle n'était pas ma surprise de me voir complètement captivée. Comme vous l'avez dit, il n'y a pas besoin de mots sophistiqués ou de langage recherché. Au contraire, des phrases courtes et simples sonnent bien à l'oreille, rendent le recueil facile à lire et comprendre. Après l'avoir rapidement parcouru une première fois, je l'ai lu et relu, ressentant à chaque fois un peu plus l'émotion. Je comprends maintenant que les choses les plus simples de la vie sont aussi celles qui peuvent nous toucher le plus… "

Aujourd'hui, où les gens se passionnent pour et passent tout leur temps sur les réseaux sociaux, cela fait vraiment chaud au cœur d'entendre une personne dire qu'elle a apprécié un livre, qui plus est un livre de poésie, parce qu'elle a été touchée par sa simplicité et sa sincérité.

Tout cela m'encourage à poursuivre sur une voie que j'ai commencé à explorer.

Ce que j'ai voulu faire avec "Emotions", mon second recueil de poésie, c'est de continuer dans ma quête des émotions, qui sont pour moi l'essence même de la vie. Quand je me mets à bien observer et ressentir ce monde autour de moi, je réalise combien les gens, les endroits et les objets si ordinaires, peuvent être en fait souvent si extraordinaires. Si je prends la peine de regarder derrière, il y a des histoires très touchantes à découvrir et raconter, et une belle émotion à partager.

J'ai arrangé les 20 nouveaux poèmes de cette collection suivant mon parcours intérieur en 3 sections. Je commence par quelques poèmes dans lesquels je m'interroge et exprime un sentiment de désarroi. Qu'est-ce que je cherche ? A quoi est-ce j'aspire ? Je raconte ensuite les rencontres, qui toutes mises ensemble, forment un tissu émotionnel qui m'aide à donner du sens à la vie. Je conclus enfin avec quelques poèmes sur ce que j'ai commencé à comprendre.

De nouveau, je suis redevable à mon père, Dr. Maurus Young, qui m'a gentiment poussé à accomplir ce second recueil, par son soutien et ses encouragements.

J'attends vos réactions et commentaires. Merci de m'écrire à albert.young.poetry@gmail.com.

Jona, Suisse, le 15 mars 2017

純真
Absolute
Absolu

純真

我觀賞精雕水晶杯優美曲線
我觸摸精緻皮包柔軟皮料
我傾聽名牌跑車悅耳引擎

但這些都不是我想要的
對我來說它們全是負擔
它們不是我所追求的

有沒有什麼能
超越這一切

是絕對單純
和真正的美?

2017 年 1 月 9 日，臺灣，臺北

Absolute

I admire the roundness of a lovely crafted crystal glass
I caress the softness of an exclusive leather bag
I listen to the beautiful humming of a luxury car

But they are not what I look for
They are all burdens to me
They are not what I aspire to

Is there something absolute
That transcends all these

That is absolutely simple
And absolutely beautiful?

Taipei, Taiwan, 9 January 2017

L'absolu

Je contemple les lignes d'un verre en cristal finement ciselé
Je caresse la douceur du cuir d'un sac de luxe
J'écoute la mélodie du moteur d'une voiture de prestige

Mais ce ne sont pas ce que je recherche
Ce ne sont que des fardeaux pour moi
Ce n'est pas ce à quoi j'aspire

Y'a-t-il quelque chose d'absolu
Qui transcende tout cela

Qui soit absolument simple
Et d'une beauté absolue ?

Taipei, Taiwan, le 9 janvier 2017

玩具小汽車
Toy cars
Petites voitures

玩具小汽車

還記得陽臺上那座矮牆
是我最喜歡玩小汽車的地方
它的高矮正合適
也有足夠讓小汽車移動的空間

我在腦海裡編織著故事
每天都不同
有飆車，剎車和追逐
還少不了幾個精彩的撞車

我為想像中的人物配上各種聲音
每一個都那麼的生動
我就是這個世界的主人

至今，我時常問自己

"誰在主宰著我所處的世界？
今天將會發生怎樣的故事？

在這巨大遊樂場
玩弄著我們的
那雙隱形手在哪裡？"

誰能回答我？

2016 年 3 月 7 日，瑞士，優納

Toy cars

I remember this small wall on the terrace
It was my favorite place to play with my toy cars
Just high enough for me
And large enough for the cars to move around

I played out stories in my mind
Every day a different one
But there was always a lot of speeding, braking and chasing
And of course a few spectacular crashes

I made sound effects
There were imaginary characters
Everything was so true
I was the master of this world

Until today, I often ask myself

"Who is the master of the world I am in?
What is the story of the day?

Where is this invisible hand
Playing us around
In such a big playground?"

Who can answer me?

Jona, Switzerland, 7 March 2016

Petites voitures

Je me souviens de ce muret sur la terrasse
C'est là mon endroit préféré pour jouer avec mes petites voitures
Il est assez haut pour moi
Et il y a de la place pour bien m'amuser

J'inventais des histoires
Cela changeait tous les jours
Mais courses poursuites et freinages d'urgence étaient de mise
Et bien sûr quelques carambolages spectaculaires

Je faisais la bande son
Avec beaucoup de personnages imaginaires
Tout était si vrai
J'étais le maître de ce monde

Jusqu'à ce jour, je me demande souvent

"Qui est le maître du monde autour de moi ?
A quelle histoire joue-t-on aujourd'hui ?

Où est cette main invisible
Qui se joue de nous
Sur ce terrain de jeu géant ? "

Qui peut me répondre ?

Jona, Suisse, le 7 mars 2016

為什麼？
Why?
Pourquoi ?

為什麼？

"我去過這個好地方
我認識那些名人
我剛買下這棟豪宅
我用的是那些名牌"

...

為什麼我一點都不羨慕？
為什麼我覺得好無聊？
為什麼我的靈魂已飛走了？

我想要的是

飛向曠野田園
去見我的親人
住進鄉村小屋
使用木製器皿

為什麼？

2017 年 1 月 9 日，臺灣，臺北

Why?

"I have been to these nice places
I know those celebrities
I just bought this expensive house
I only use those luxury brands"

...

Why do I not feel the slightest envy?
Why do I find all this so boring?
Why is my soul flying away?

What I want is

To fly to the country side
To see my loved ones
To live in a small village house
And to use wooden ware

Why?

Taipei, Taiwan, 9 January 2017

Pourquoi ?

"J'ai été à ces beaux endroits
Je connais ces gens célèbres
Je viens d'acheter cette villa somptueuse
J'utilise uniquement ces marques de luxe"

...

Pourquoi n'éprouve-je pas la moindre envie ?
Pourquoi trouve-je tout cela si ennuyeux ?
Pourquoi mon esprit s'est-il envolé ?

Ce que je veux c'est

De m'envoler à la campagne
De voir ceux qui me sont chers
De vivre dans une petite maison de village
Et d'utiliser des objets en bois

Pourquoi ?

Taipei, Taiwan, le 9 janvier 2017

"這就是我的人生"

"This is my life"

"C'est ça ma vie"

"這就是我的人生"

我又來到這裡

貼上幾張褪色的海報
搭起破爛的檯子
架好老舊的音響

大聲播放一張 CD
過往的行人
好奇地聚攏過來

我拿起麥克風
唱了幾首流行歌曲
開始暖場

男女老少開心地
跟著哼唱
邊拍手邊搖擺

當人潮達到高峰時
我唱出拿手歌
"這就是我的人生"

这首自創歌曲
寫下了我的故事

當我做出招牌動作
激動的唱出
最後一句時

掌聲總是持久不斷
眾人感動流淚
父母讓小孩
給我投幾個錢幣

唱片公司全都拒絕了我
但是街巷卻給了我
世界上最好的舞臺
以及在乎我的聽眾

如今不管給我什麼
我都不願放棄我的現有
我已樂在其中

因為 "這就是我的人生"

2017 年 2 月 1 日, 臺灣, 臺北

"This is my life"

Here I am again

I put up a few tarnished posters
Set up a half-broken stand
Plug in a crackling sound system

I play out loud a CD
People passing are stopping by
And start to gather out of curiosity

I take the microphone
And start to warm up
With a few familiar tunes

Young and old alike happily follow
They clap their hands
And move their body

As the crowd gets to its peak
It is time for my masterpiece
"This is my life"

I have written there my story

And when with my trademark gesture
In an emotional finale
I sing out the last words

The applause always lasts
Many are in tears
Parents ask the kids
To drop a few coins

The record houses have all rejected me
But the streets have given me
The best stage in the world
And a public that cares about me

Now for nothing
I would give it up
I am happy as I am

As "This is my life"

Taipei, Taiwan, 1 February 2017

"C'est ça ma vie"

Me voilà de nouveau

Je colle quelques affiches ternies
Mets en place une estrade branlante
Et allume une sono qui grésille

Je passe un CD à plein volume
Les passants s'arrêtent
Il y a bientôt une petite foule de curieux

Je prends le micro
Pour chauffer le public
Avec quelques tubes bien connus

Jeunes et vieux suivent avec entrain
Ils tapent des mains
Et balancent leurs corps

Quand la foule bat son plein
Le moment est venu pour mon chef d'œuvre
"C'est ça ma vie"

J'y ai écrit mon histoire

Et quand avec mon geste emblématique
Dans une finale pleine d'émotion
Je chante les dernières notes

Les applaudissements ne s'arrêtent pas
Beaucoup sont en larmes
Les parents demandent aux enfants
De me donner quelques pièces

Toutes les maisons de disque m'ont refusé
Mais la rue m'a donné
La meilleure scène du monde
Et un public qui sait m'apprécier

Maintenant pour rien au monde
Je ne voudrais changer
Je suis heureux comme je suis

Car "C'est ça ma vie"

Taipei, Taiwan, le 1ᵉʳ février 2017

水果攤
The fruit stand
Un étal de fruits

水果攤

前往湖邊的小路上
一個毫不起眼的水果攤
手工製作的木梁上
掛滿剛裝袋新鮮水果

顧客自助拿取的
時令水果
來自離此不遠的農場

果攤一塊小黑板上
用粉筆笨拙寫著價錢
顧客只需把所購水果錢數
投入鐵罐內

農夫將辛勤勞動成果
赤裸裸的展示在
無人看管的攤位
任人取之

走近攤位時
我像中了魔咒
小心翼翼的
觸摸著每一樣東西

每一粒果實
都散發出
謙卑和無私
每一袋水果
都裝滿着
人性和愛心

聽到錢幣
一一掉入鐵罐時
我滿心喜悅的就像是
剛完成了一個神聖儀式

親愛的農夫
謝謝你的水果攤
它讓我們
在那一瞬間

都成為更好的人

2016 年 9 月 26 日，瑞士，優納

The fruit stand

There is this modest fruit stand
On the trail leading to a small lake
There are bags of freshly plucked fruits
Hanging from a hand-made wooden beam

Apples, pears, and other seasonal fruits
Are for you to freely grab
They all come from a farm
Not far from here

You have to look up the prices
From a clumsy handwriting
On a small chalk board
And then put the money into a rusty tin box

Nobody is tending to the stand
The farmer is baring himself up
Putting the fruit of his hard labor
At the mercy of any unscrupulous hand

Yet when I approach the stand
I am like under a spell
I handle with the greatest care
Everything that I touch

Each piece of fruit
Radiates humbleness and selflessness
Each bag of fruit
Carries love and humanity

And I so rejoice
When I hear the coins
One by one dropping into the box
As though I have accomplished a sacred ritual

Dear Farmer
Thank you for your fruit stand
That turns each one of us
For a moment

Into a much better person

Jona, Switzerland, 26 September 2016

Un étal de fruits

Il y a ce modeste étal de fruits
Sur le chemin qui mène au lac
Des sacs de fruits fraîchement cueillis
Y sont suspendus sur une poutre en bois
Façonnée par des mains d'artisan

On peut se servir à volonté
En pommes, poires
Et autres fruits de saison
Qui proviennent tous
D'une ferme d'alentour

On peut lire les prix
Ecrits maladroitement
Sur un morceau d'ardoise
Puis insérer la monnaie
Dans une boîte toute rouillée

Personne ne surveille l'étal
Le fermier expose ainsi
Le fruit de son dur labeur
A la merci des indélicats

Pourtant
Quand je m'approche de l'étal
Je suis comme sous un charme
Et c'est avec la plus grande précaution
Que je touche tout ce que je vois

Il y a dans chaque morceau de fruit
Tant d'humilité et de dévouement
Dans chaque sac
Tant d'amour et d'humanité

J'éprouve une telle joie
Quand j'entends mes pièces
Tomber une à une dans la boîte
Comme si je viens d'accomplir
Un rite sacré

Cher Fermier
Merci pour ton étal de fruits
Car il fait de chacun de nous
L'espace d'un instant

Quelqu'un de bien meilleur

Jona, Suisse, le 26 septembre 2016

舉廣告牌的人
The poster man
L'homme avec l'affiche

舉廣告牌的人

就像每天一樣
我站在這裡
高舉著一個廣告牌

這個得來不易的位置
很多人都想把它搶去
因為行駛的車輛
遠遠就能看到我的廣告

當警察來時
我迅速躲起來
他們走後
我又悄悄回來

在這裡站上一天
日曬雨淋
每分鐘都像一萬年

我沒有家人
沒有退休金
有的只是一身病

為了每天一點錢
我舉著豪宅廣告
那是我不敢奢望的住房啊

其實我真正希望人們看到的
是一個呼籲大家
對抗這不公平世界的廣告

你看見了嗎？

2017 年 2 月 8 日, 臺灣, 臺北

The poster man

Like every day
I am standing here
Raising high up a poster

I fight to keep this hard-won spot
Many try to take it away from me
Because cars can see my poster from afar

When the police come
I quickly hide away
And discreetly return
Once they are gone

I stand here for the whole day
Burning under the sun or soaking in the rain
Every minute feels like eternity

I have no family
No pension
Only pain everywhere
In an exhausted body

For a few dollars per day
I show a poster for a luxury housing
I dare not even dream of

But what I want people to see
Is a poster of a rallying cry
Against such an unjust world

Don't you see it?

Taipei, Taiwan, 8 February 2017

L'homme avec l'affiche

Comme chaque jour
Je suis debout ici
Pour tenir bien haut une affiche

Je me bats pour garder cette place très convoitée
Beaucoup essaient de me la prendre
Car les voitures peuvent voir mon affiche au loin

Quand la police arrive
Je me cache bien vite
Et revlens discrètement
Une fois qu'ils sont partis

Je suis debout ici toute la journée
Brûlant sous le soleil ou trempé sous la pluie
Chaque minute me semble une éternité

Je n'ai pas de famille
Pas de retraite
Seulement mal partout
Dans un corps épuisé

Pour quelques sous par jour
Je tiens une affiche pour un appartement de luxe
Dont je n'ose même pas rêver

Mais ce que je veux que les gens puissent voir
C'est une affiche pour un cri de ralliement
Contre ce monde qui est si injuste

Est-ce que vous la voyez ?

Taipei, Taiwan, le 8 février 2017

日落
The sunset
Le coucher de soleil

日落

她說想看日落
我攙扶著她
來到會客大廳
我們默默看著太陽沉入大海

多美的一幕
太陽在消失的那一刻
散發出無限的光芒
照亮了周圍一切

我陪她回到房間
醫生們走了進來
她選擇從病痛中
解脫的時刻到了

我緊緊握住她的手
感覺到她緩緩鬆開
她合上雙眼
蒼白的臉龐在最後一刻

散發出安詳的光芒
照亮了周圍一切

2016 年 12 月 3 日, 臺灣, 臺北

The sunset

She said she wanted to see the sunset
I took her to the lounge
I held her by the arm
We admired the sun falling into the sea

It was such a magnificent spectacle
The sun was radiating
Illuminating everything around it
Giving itself fully before a final glow

I walked her back into her room
The doctors came in
It is the time she had chosen
To relieve herself from the pain and to go

I tightly held her hand
Her grip slowly loosened
She then closed her eyes
And let her face radiate with grace

In a final glow
That illuminated all around her

Taipei, Taiwan, 3 December 2016

Le coucher de soleil

Elle disait qu'elle voulait voir le coucher de soleil
Je l'ai soutenue par le bras
Et emmenée dans le salon
Pour admirer ensemble le soleil
Disparaître doucement dans la mer

C'était un spectacle magnifique
Le soleil brillait de tous ses feux
Et illuminait tout autour de lui
Avant de s'éteindre dans un éclat final

Je l'ai raccompagnée dans sa chambre
Les médecins sont arrivés
Le moment qu'elle a choisi est venu
Pour en finir avec ses souffrances et partir

Je l'ai tenue par la main
Que je sentais lentement se relâcher
Puis elle a fermé ses yeux
En laissant son visage rayonner de paix

Dans un éclat final
Qui illumina tout autour d'elle

Taipei, Taiwan, le 3 décembre 2016

老街
Old streets
Vieilles rues

老街

我穿行在老街巷裡
踏在鵝卵石的步伐
帶我走進歷史

似乎聽到古代飛馳來的馬車聲
看到先人留下的腳印

我走失於迷魂陣般的街巷裡
卻在每個轉角處
都發現新的驚喜

我坐在一棟老宅門前臺階上
慢慢感受周圍的一切

突然
親愛的老宅
你開始向我傾訴

除了你之外
無人記得
誰曾經住過這裡

無數的人們
到來和離去
無數的財富
在這裡被創造和毀滅

從建築石塊和裂縫中
滲出來的是
笑聲和眼淚
陰謀和諂媚

你見證過
大大小小的
悲歡與離合

對你來說
在如戲的人生裡
人們像停不下的走馬燈
一切不過是無謂的追求

親愛的老宅
謝謝你給我這些忠告

但是現在
我已起身
走入人群
再度回到我的人生

無論你說的
是多麼真實
我還是想看看
人生將會如何

期望在每個轉角處
都能繼續發現
新的驚喜

2016 年 4 月 20 日，西班牙，瓦倫西亞

Old streets

I walk down the old streets
Each step on the cobblestones
Is like a step into an open book

I can hear horse carts running through from the past
I can feel the footprints left by people long ago

I lose myself in the maze of streets
And discover a new place at the end of each turn

I sit down at the doorstep of an old house
To better take in what is around me

Then, dear old house
I start to hear you whisper

Nobody remembers who used to live here
Only you still do

So many people
Came and went
So many fortunes
Were made and unmade

Bursting from each of your stones
From each of their cracks
Are laughter and tears
Intrigues and courtships

Sorrow and joy
Big and small
You have seen them all

In the comedy of life
People are all running in circles
And life itself is just a vain pursuit

Dear old house
Thank you for telling me all this

But I am now standing up
To join the flow
And going back to my life

No matter how true your words are
I still want to see
What life has to offer

And discover a new place after another turn

Valencia, Spain, 20 April 2016

Vieilles rues

Je parcours les vieilles rues
Chaque pas sur le pavé
Me plonge comme dans une page d'histoire

Je peux entendre les voitures à chevaux surgir du passé
Sentir les pas laissés par les passants il y a bien longtemps

Je me perds dans le dédale des rues
Et découvre un nouvel horizon à chaque tournant

Je m'assois devant la porte d'une vieille maison
Pour bien voir tout ce qu'il y a autour de moi

Alors, chère vieille maison
Je t'entends me murmurer

Plus personne ne se souvient de ceux qui vécurent ici
Tu es la seule à le faire

Tant de monde
Est venu puis parti
Tant de fortunes
Ont été faites et défaites

De chacune de tes pierres
De chacune de leurs fissures
Jaillissent rires et pleurs
Intrigues et séductions

Peines et joies
Grandes et petites
Tu les as toutes connues

Dans la comédie humaine
Les gens tournent en rond
Et la vie n'est qu'une vaine poursuite

Chère vieille maison
Merci de me dire tout cela

Mais à présent je me suis déjà levé
Pour rejoindre le flot
Et retourner à ma vie

Peu m'importe si tes paroles sont si vraies
Je veux voir
Ce que la vie me réserve

Et continuer à découvrir à chaque tournant
Encore un nouvel horizon

Valence, Espagne, le 20 avril 2016

場內
In the pit
Dans l'arène

場內

頭一次進入場內
四下一望
早已座無虛席

比賽將要開始
選手們鬥志昂揚的出來亮相
接受觀眾的歡呼

綁在腳上的鋒利刀片
將每個鬥士都變成致命殺手

賭注剛下完
兩隻公雞就被丟進場內
展開無情的廝殺

每場競技僅有幾分鐘
總有一隻很快的占上風
將對手擊倒

幾個回合後
朋友慫恿我們
也下一注

一隻雄糾糾氣昂昂的
健壯小公雞被帶進場內
對手是一隻瘦弱的老公雞

就像其他人一樣
我們一邊同情著老公雞
一邊將賭注下在小公雞上

小公雞立刻展開攻擊
老公雞被打得四處逃竄
遍體鱗傷

突然，一眨眼
小公雞已被擊倒不起

在毫無戒備下
它的喉嚨被割斷
觀眾席一片譁然

我們輸掉了點小錢
卻從一隻卑微老公雞身上
學到了人生大道理

"不要以貌取人"

2017 年 2 月 13 日, 臺灣, 臺北

In the pit

We enter for the first time into the pit
As we walk down the stairs
We see fully packed benches on the tiers

The show is soon starting
Pairs of fighters are proudly shown
Cheered by an enthusiastic public

Razor sharp blades
Are fitted onto their feet
Turning the fighters into deadly killers

Right after bets are placed
Two cocks are thrown against each other
In a merciless combat

Each fight lasts only a few minutes
As a mightier one soon dominates
And fatally wounds its adversary

After a few fights
We are pressed by friends
To also place a bet

A young, vigorous and puffing combatant
Is shown to fight
An old, short and miserable opponent

As with the others
We bet on the young cock
Pitying the older one's fate

Immediately the young cock attacks
No matter how hard the older tries to run
It keeps getting cut and bleeds

And then, in a split second
Before anyone realizes what happened
The younger cock is suddenly hit and falls

Its throat has been cut
In a surprise attack
Everyone is in awe

We lost a small bet
But learned a big lesson
From a modest bird

"Do not judge by the appearances"

Taipei, Taiwan, 13 February 2017

Dans l'arène

Nous entrons pour la première fois dans l'arène
Quand nous descendons les marches
Les gradins sont déjà noirs de monde

Bientôt commence le spectacle
Les combattants défilent fièrement deux par deux
Sous les acclamations effrénées du public

Une fois chaussés
De lames tranchantes
Ils deviennent de redoutables tueurs

Si tôt que les mises sont faites
Deux coqs sont jetés
Dans un combat sans merci

Chaque combat ne dure que quelques minutes
Le plus fort finit vite par dominer
En blessant mortellement son adversaire

Après quelques combats
Nos amis nous pressent
De placer aussi un pari

Un jeune, vigoureux et impétueux combattant
Est opposé
A un petit, vieux et misérable concurrent

Comme les autres
Nous misons sur le jeune coq
Pleins de pitié pour le sort du vieux

Tout de suite, le jeune coq se met à attaquer
De toutes ses forces, le vieux essaie de se sauver
Mais il est blessé et saigne de toutes parts

Et soudain, en un clin d'œil
Sans que personne n'ait eu le temps de rien voir
Le jeune coq est à terre

Sa gorge a été tranchée
Dans une attaque surprise
Tout le monde est coi

Nous avons perdu une petite mise
Mais appris une grande leçon
De la part d'un modeste coq

"Ne jugez point sur les apparences"

Taipei, Taiwan, le 13 février 2017

永遠的夫人
Our Lady
Notre grande dame

永遠的夫人
紀念 Myra Thut-Glystras 夫人

在這個陌生國家和城市
我們尋覓安身之處
而在妳那裡我們找到了家

當妳微笑著
緩緩走下樓梯
那一瞬間
我們感受到家庭的溫暖

妳將我們帶入妳的世界
也對我們的世界充滿好奇
妳不斷照顧著我們

儘管有時妳不快樂
身體時有病痛
但妳從不沮喪

即使妳獨自用餐
餐桌都擺設的整整齊齊
即便只是去買菜
妳也總打扮得漂漂亮亮

因為妳告訴我們
要認真面對人生
每天都要活得充實精彩

我們的夫人

妳那堅強，高貴，親切
緩緩走下樓梯的身影

將永遠活在我們心中

2015 年 9 月 13 日，瑞士，優納

Our Lady
In memory of Myra Thut-Glystras

We were looking for a place to stay
In this new city and new country
We found a home with you

The moment you walked down the stairs
Smiling and welcoming
We felt you were our family

You opened your world to us
You were curious to know ours
Always you cared

There were days you were not happy
Sometimes you did not feel well
Never you despaired

Even when you dined alone
The table was always set
Even if it was just to go to the grocery
You were beautifully dressed

Because as you tell us
Life is a serious affair
Each day has to be lived in full

This is the way you will stay with us

Walking down the stairs
Strong and gracious
Smiling and welcoming

Our Lady

Jona, Switzerland, 13 September 2015

Notre grande dame
En mémoire de Myra Thut-Glystras

Nous cherchions un endroit pour nous loger
Dans cette nouvelle ville et ce pays inconnu
Avec vous, nous avons trouvé bien plus

Lorsque vous êtes descendue par les escaliers
Avec votre sourire accueillant
Nous nous sommes tout de suite sentis chez nous

Vous nous avez ouvert votre monde
Vous étiez curieuse de connaître le nôtre
Toujours, vous avez été pleine d'attentions

Il y avait des jours où vous n'étiez pas heureuse
Quelquefois vous ne vous sentiez pas bien
Jamais, vous ne désespériez

Même si vous diniez toute seule
La table était toujours bien mise
Même si ce n'était que pour aller faire les courses
Vous étiez toujours bien habillée

Car comme vous nous le disiez
La vie est une affaire sérieuse
Chaque jour doit être vécu à son plein

C'est ainsi que vous resterez avec nous

Descendant les escaliers
Forte et gracieuse
Avec votre sourire accueillant

Notre grande dame

Jona, Suisse, le 13 septembre 2015

樂團
A band
Un groupe

樂團

散步累了
我停下腳步
坐下喘口氣
欣賞風景

遠離人群
在公園的角落裡
有一伙年輕人

他們正在調試
像是自製的
各種樂器

他們即興演奏及創作
節奏和音樂
逐漸成形

當一個樂手主奏時
其他人很自然的
融入其中

隨著節奏
我閉上眼睛
沉浸在音樂裡

樂手們邊演奏
邊相互傾聽
尊重并配合
他人的新嘗試

他們玩的那麼開心
那麼和諧完美
讓我離不開那裡

終於，我站起來
瘋狂的鼓掌
想讓全世界都知道

如果在生命的道路上
我們像這個年輕的樂團
能多一點相互傾聽

人生將會是多麼和諧完美

2017 年 2 月 19 日，法國，巴黎

A band

I take a break from my walk
Sit down for a rest
And to admire the view

There is a group of youngsters
Far away from the crowd
Hidden in a corner of the park

The band is tuning
All sorts of instruments
Likely made by themselves

Slowly, as they try
Rhythms are invented
Music starts to flow

When a player takes the lead
The others just blend in
Naturally

My fingers start to tap
I close my eyes
My whole body gets in sync

The players listen while playing
Respect each other
Support new attempts

They enjoy themselves so much
It is such a beautiful harmony
I cannot take myself away

Finally, I stand up
And frenetically applaud
As if I wanted the whole world to know

That if, in the game of life
Like this young band
We listened more to each other

Then life itself
Could also be such a beautiful harmony

Paris, France, 19 February 2017

Un groupe

Je fais une pause dans ma marche
Je m'assois pour me reposer
Et admirer la vue

Il y a un groupe de jeunes
Loin de la foule
Caché dans un coin du parc

Ils s'affairent à régler
Toutes sortes d'instruments
Qu'ils ont sans doute eux-mêmes fabriqués

Lentement, à mesure qu'ils essaient
Des rythmes naissent
Et la musique se met à couler

Quand l'un des jeunes prend la tête
Les autres suivent
Tout simplement

Mes doigts se mettent à tapoter
Je ferme les yeux
Pour me laisser emporter

Les jeunes s'écoutent
Ils respectent les uns
Et soutiennent les autres

Ils s'amusent tant
C'est une si belle harmonie
Je suis comme envoûté

Enfin, je me mets debout
Pour applaudir de toutes mes forces
Comme si je voulais faire savoir au monde entier

Que si, dans la vie
Comme ce groupe de jeunes
Nous pouvions nous écouter un peu plus
Les uns les autres

Alors la vie aussi
Pourrait être une si belle harmonie

Paris, France, le 19 février 2017

一個地方
A place
Un endroit

一個地方

他第一次帶我來這裡時
因為剛買下來
還來不及裝潢

他帶我四處參觀
這個有著壯麗海景的
豪華公寓

他雖然家財萬貫
但總是愁容滿面
生活一團糟

他打開一瓶酒
我們喝了起來
他幾乎喝完整瓶

不久後
歷經病痛折磨
他走了

那個地方被賣掉
幾度易主
但我仍對它念念不忘

多年後，在機緣巧合下
新主人興致勃勃的
將我邀請到同一個地方

一切都變了
我幾乎沒認出來
唯一沒變的

是那壯麗的海景

雖然到處喜气洋洋
但我卻感到一絲憂傷
就好像在這個地方

有什麼
被遺忘了

2017 年 2 月 14 日，臺灣，臺北

A place

When he first took me to this place
He just bought it
And had no time yet to fully furnish it

He showed me around
A truly magnificent condo
With a breathtaking sea view

But with all his possessions
There was a sadness all over him
His life was a mess

He opened a bottle
We drank
He finished most of it

Some time after that
After an agonizing illness
He passed away

The place was sold
It changed hands
But I still remembered it

Years later, by a twist of fate
I am invited to the same place
By the proud new owners

Everything has changed
I could hardly recognize the place
Only the view remained

But despite all the joy
I felt a slight sadness in the air
As if in this place

Something
Has been left behind

Taipei, Taiwan, 14 February 2017

Un endroit

La première fois qu'il m'a emmené à cet endroit
Il venait de l'acheter
Et n'avait pas fini de le meubler

Il m'a fait faire le tour du propriétaire
C'était un magnifique appartement
Avec une vue sur la mer à couper le souffle

Mais malgré tout ce qu'il possédait
Il dégageait un air de tristesse
Sa vie était une vraie pagaille

Il a ouvert une bouteille
Nous avons trinqué
Il l'a finie

Quelque temps après
Au bout d'une longue maladie
Il est décédé

L'endroit a été vendu
A plusieurs reprises
Mais toujours je m'en souvenais

Des années plus tard, par un hasard du destin
Je suis invité à ce même endroit
Par les fiers nouveaux propriétaires

Tout a changé
Je pouvais à peine le reconnaître
Seule la vue était restée

Mais malgré toute la joie
Je sentais une vague tristesse dans l'air
Comme si à cet endroit

Quelque chose
Avait été oublié

Taipei, Taiwan, le 14 février 2017

老馬
An old horse
Un vieux cheval

老馬

我是一匹老馬
不分寒冬酷暑
拉著滿載觀光客的馬車
不斷地爬山下山

我與主人相依為命
他為我選擇了這個收費少
但較不吃力的山路
因為他知道現在的我
已是心有餘而力不足了

經濟不景氣
沒多少人願意掏腰包
搭乘緩慢無趣的馬車
即使有意願的
也會為幾分錢而斤斤計較

好不容易等來的乘客
大部分只是來拍張照
我為了表示不滿
時常用屁股將他們推走

老主人哨聲響起
輕拍鞭子時
我就知道生意來了
我得開始爬山

每拉動馬車
深陷皮肉的鞍轡令我痛苦難耐
每次爬山都像永無止境
我數著步伐來忘記痛楚

挨過了漫長的一天
當天色漸暗
最後的觀光客離去後
再度剩下主人和我

他打開錢袋數起銅錢
收入不錯時
會開心笑著拍拍我的背
我們再次用血汗賺到了生活費

我已逐漸老去
不知還能陪伴主人多久

因此明天天一亮
無論如何
我還要忍痛
再度爬上山頂
將老爺子的錢袋裝滿

再看一次
他燦爛開心的笑容

2016 年 5 月 1 日，瑞士，優納

An old horse

I am an old horse
Pulling the carriage
Climbing up and going down the hill
With loads of tourists
Under the sun or in the cold

My old master only has me in this world
And looks well after me
He has now chosen this less paying lower road
Because he knows
I cannot go up the higher one anymore

Times are tough
Not many are ready to spend money
For a slow and boring ride
Even those who are
Constantly haggle to get a few cents off

We wait at the station
For people to come on board
Very often they just want to take a picture with us
I then make sure to show that I am not happy
By giving them a nudge with my rear

But when I hear the old man hiss
And he gently whisks his whip
I know we are in business
It is time for me to move
And to start the climb

It hurts when I pull the carriage
The harness bites into my flesh
Each climb seems endless
I count the steps to forget the pain
And to keep going

After a long day
When it gets dark
And the last tourists are gone
We are again just the two of us
The old man then opens his purse

He starts to count his coins
And when the day has been good
He will smile and give me a pat on my back
Telling me that once more
We have earned a living with our sweat

But every day I am getting older
And do not know for how much longer
I can still be with him

That is why tomorrow
Despite all my pain
I want to take up the hill

Fill up his purse
And see the old man

Smile once again

Jona, Switzerland, 1 May 2016

Un vieux cheval

Je suis un vieux cheval
Qui tire sur ce carrosse
Rempli de touristes de tous bords
Je monte et descends cette colline
Qu'il vente ou qu'il pleuve

Mon vieux maître n'a que moi sur ce monde
Il veille bien sur moi
Et a choisi cette route qui rapporte moins
Parce qu'il sait bien
Que je ne peux plus grimper jusqu'au sommet

Les temps sont durs
Peu nombreux sont ceux qui veulent payer
Pour un trajet si lent et monotone
Et même ceux qui le veulent
Cherchent à rogner quelques sous

Nous attendons à l'arrêt
Pour que les gens montent à bord
Mais très souvent, ils ne veulent que prendre une photo avec nous
Je leur montre alors que je ne suis pas content
En leur donnant un coup avec mon derrière

Mais quand j'entends le vieux pousser son cri
Et qu'il manie gentiment le fouet
Je sais que nous avons du boulot
Qu'il est temps pour moi de bouger
Et de commencer à monter

Ça me fait mal de tirer le carrosse
Le harnais me mord dans la chair
Chaque montée semble interminable
Je compte les pas pour oublier la douleur
Et continuer à monter

Après une longue journée
Quand il fait nuit
Les derniers touristes sont partis
Nous ne sommes plus que tous les deux
Le vieux ouvre alors sa besace

Il commence à compter les pièces
Et si la journée a été bonne
Il va sourire et me donner une petite tape sur le dos
Pour me dire qu'encore une fois
Nous avons bien gagné notre pain avec notre sueur

Mais chaque jour je vieillis un peu plus
Et ne sais plus pour combien de temps
Je peux encore être avec lui

C'est pourquoi demain
Même si cela me fait très mal
Je veux de nouveau affronter cette colline

Pour remplir sa besace
Et voir le vieux maître

Sourire encore une fois

Jona, Suisse, le 1er mai 2016

一封信
A letter
Une lettre

一封信

雖然我已啟程

但妳所說過的每一句話
我們分享的每一個歡笑
和流下的每一滴淚水
仍那麼鮮明的深刻在我心中

我看到妳，拖著疲憊屏弱的身體
穿行在菜市場裡
我看到妳，顫抖的雙手
在為我烹煮著吃不完的飯菜

妳仍穿著那雙破舊不堪的鞋子
多年前我送妳的那雙新鞋
妳小心翼翼的包著
要留到那一天才能穿？

雖然妳雙手關節紅腫
但妳只用冷水
雖然妳在黑暗中看不見
但妳晚上都不開燈
雖然妳寸步難行
但妳從不打車

就這樣
妳將微薄退休金上
所省下的錢
裝入一個個紅包裡
偷偷的塞進我的行囊

在妳內心深處
妳完完全全的
把我當作了妳的兒子

妳為我敞開心扉和靈魂
將妳所有生命創傷
赤裸裸的展現在我面前

雖然妳沒有賦予我生命
但給我的卻是更多
因為妳給了我愛

這種如此無限
強烈和巨大的愛
對於我來說
妳才是
我內心深處
完完全全的

媽媽

2016 年 1 月 7 日，法國, 巴黎

後注：這首詩獻給所有撫養孤兒成人的偉大婦女們

A letter

I have just left

But every word you said
Every laugh we had
And every tear we shed
Are vividly in me

I see you, with your weakened body
Trying to find your way through the wet market
I see you, with your trembling hands
Cooking too much food for me to eat

You are still with your worn-out shoes
Carefully keeping under wraps
The new pair I bought you years ago
Saving them for a big day that never comes

You always use cold water
Although your fingers are swollen by arthritis
You avoid turning on the lights
Although you can hardly see in the dark
You never take a taxi
Although every step is a pain

So that every penny saved
On your modest pension
Can be stashed into red envelopes
You then sneak into my luggage

You took me as your son
Fully, truly, deeply
You opened your heart and soul
And laid bare your wounds

Although you did not give me life
You gave me more
You gave me love

This love
So unbound, intense, and overwhelming
That for me
You are
Fully, truly, deeply

My Mom

Paris, France, 7 January 2016

Note: This poem is dedicated to all those modest but extraordinarily courageous ladies who are selflessly raising orphans.

Une lettre

Je viens de partir

Mais chacun de tes mots
Chacun de nos rires
Et chacune de nos larmes
Sont encore vivement en moi

Je te vois, avec ta silhouette toute frêle
Essayant de te frayer un chemin à travers le marché
Je te vois, avec tes mains tremblantes
Préparant bien trop de plats que je ne peux finir

Tu portes toujours ces souliers usés
Et gardes précieusement dans leur emballage
La nouvelle paire que je t'ai achetée il y a bien longtemps
Pour une grande occasion qui ne vient jamais

Tu utilises toujours l'eau froide
Malgré tes doigts gonflés par l'arthrite
Tu évites d'allumer le soir
Même si tu ne vois rien dans le noir
Tu ne prends jamais le taxi
Même si chaque pas te fait mal

Ainsi chaque sou que tu économises
Sur ta modeste retraite
Tu le mets de côté
Et le glisse à mon insu dans mes bagages

Tu m'as pris comme ton fils
Pleinement, vraiment, du plus profond de toi
Tu m'as ouvert ton cœur et ton âme
Et tu n'as pas caché leurs blessures

Même si tu ne m'as pas donné la vie
Tu m'as donné bien plus
Tu m'as donné ton amour

Cet amour
Sans bornes, intense et si fort
Que pour moi
Tu es
Pleinement, vraiment, du plus profond de moi

Ma Maman

Paris, France, le 7 janvier 2016

Note : Ce poème est dédié à toutes ces femmes de condition modeste mais extraordinairement courageuses qui généreusement élèvent des orphelins.

秋
Autumn
Automne

秋

懶散陽光
暖暖照著不願離去的夏天

樹下早已鋪上紅黃地毯
樹上仍掛著幾片孤零綠葉

它們努力著
想挽住時光
繼續吸取天地精華
煥發青春

當最終要掉落時
它們期望著
秋風將它們吹向遠方
變為另一片大地上

新的
一花和一草

2015 年 10 月 12 日，美國，芝加哥

Autumn

A lazy sun
Warmly shines on a summer
That does not want to go away

While trees have their feet
All covered with yellow and red
A few last green leaves
Are still hanging onto the branches

They want to hold onto time
Keep breathing in
The energy from heaven and earth
And live out the youth still in them

When the time finally comes
For them to wither
They pray for the autumn wind
To gently carry them far away

So that they can be
In another place

A new flower and a new grass

Chicago, USA, 12 October 2015

Automne

Les doux rayons de soleil
S'attardent sur un été qui ne veut s'en aller

Les pieds des arbres sont déjà couverts
Par un tapis jaune et rouge
Seules quelques dernières feuilles vertes
S'accrochent encore obstinément aux branches

Elles voudraient arrêter le temps
S'emplir encore de cette énergie du ciel et de la terre
Et continuer à rayonner la jeunesse en eux

Puis quand viendra enfin le temps
Pour elles aussi de flétrir
Elles prient pour que le vent d'automne
Les emporte doucement au loin

Pour que sur une autre terre
Elles puissent devenir

Une nouvelle fleur et une nouvelle herbe

Chicago, Les Etats Unis, le 12 octobre 2015

友情
To Friendship
A l'amitié

友情

終於聯繫上
二十年未見的老友

我們還認得出彼此嗎？
還有話題能談嗎？
我們還是最好的朋友嗎？

當大門開啟的那一刻
當我們大笑著互相擁抱時
我們又是年輕時的同學了

我們避免提起
大家現在的模樣
但卻瘋狂嘲笑着
當年的我們

我們突然意識到
各自在人生裡
走得有多遠
經歷過多少

當再度離別時
我們暗自下定決心

這次的分別絕不會
再是二十年

2016 年 7 月 26 日，法國，巴黎

To Friendship

We have not seen each other for twenty years
And have just managed to reconnect

Would we recognize each other?
Would we find things to talk about?
Would we still be the best friends?

The moment the door opened
The moment we laughed and hugged each other
We are the youthful classmates again

We tactfully do not talk about
How we look now
But crazily joke about
How we used to be

We reckon
How far we have come
The ups and downs we lived through

When time has come to part again
We promise to ourselves

That this time
It will not be for another twenty years

Paris, France, 26 July 2016

A l'amitié

Nous ne nous sommes pas vus depuis vingt ans
Et venons à peine de reprendre contact

Pourrions-nous nous reconnaître ?
Trouverions-nous de quoi parler ?
Serions-nous encore les meilleurs amis ?

A l'instant où la porte s'est ouverte
A l'instant où nous nous sommes embrassés et éclatés de rire
Nous sommes de nouveau les jeunes camarades de classe

Nous prenons soin de ne pas parler
De ce à quoi nous ressemblons à présent
Mais nous nous donnons à cœur joie
Sur ce à quoi nous ressemblions

Nous prenons la mesure
De tout ce chemin parcouru
Les hauts et les bas que nous avons connus

Quand il est temps de se dire au revoir
Nous nous promettons en nous

Que cette fois-ci
Ce ne sera pas pour vingt ans

Paris, France, le 26 juillet 2016

一壺茶
A pot of tea
Un thé

一壺茶

朋友剛沏了一壺好茶
淡淡的香味
頓然把我帶走了

我隨著茶香

離開都市
經過鄉村
穿過田野
翻山越嶺
最後終於

來到了茶園

2017 年 1 月 9 日, 臺灣, 臺北

A pot of tea

Friends just made some fine tea
Its light fragrance
Suddenly is taking me away

I am leaving the city
Going through the countryside
Crossing fields
Climbing over mountains
And finally, I have come

To the tea garden

Taipei, Taiwan, 9 January 2017

Un thé

Des amis viennent de préparer un grand thé
Son parfum léger
Se met soudain à m'emporter

Je quitte la ville
Parcours la campagne
Traverse les champs
Franchis les montagnes
Et enfin, j'arrive

Dans le jardin de thé

Taipel, Taiwan, le 9 janvier 2017

肥皂泡泡
Soap bubbles
Des bulles de savon

肥皂泡泡

夕陽緩緩落下
孩子們在公園裡玩耍
一位父親拿起吹泡棒
對著天空吹起泡泡

隨著微風飄浮在空中的泡泡
像色彩繽紛的海市蜃樓
瞬間個個消失的無影無蹤

孩子們紛紛跑過來
爭先恐後嬉鬧著
看誰能第一個追到泡泡

泡泡很快都破掉
雖然誰也沒抓到
但是大家依然
玩得好開心

這些肥皂泡就像
我們追求的夢想
每當快要追到時
就會突然間破滅

可這不就是人生美妙之處？

因為在追逐那些
五顏六色泡泡時

才是我們最快樂的時光

2016 年 12 月 3 日，　臺灣，臺北

Soap bubbles

Children are playing in the park
Under a sun slowly setting down
A father comes with a straw
And starts to blow bubbles into the air

Carried by a gentle wind
The bubbles float and fly
Multicolor instant mirages
Before bursting in a final spark

Children come over to chase them
Laughing and shouting
Fighting against each other
As to who gets to catch one

No one ever catches any
As the bubbles would always burst
But that does not matter
The fun is all the same

Those bubbles are like our dreams
We keep running after them
And just as we are about to reach them
They would suddenly evaporate

Isn't this the beauty of life?

Because happiness
Is in chasing them

Those beautiful multicolor bubbles

Taipei, Taiwan, 3 December 2016

Des bulles de savon

Des enfants jouent dans le parc
Sous un soleil qui se couche lentement
Un père vient avec une paille
Et se met à souffler des bulles de savon dans l'air

Emportées gentiment par le vent
Les bulles flottent et s'envolent
Mirages multicolores et éphémères
Avant d'éclater avec une dernière étincelle

Les enfants viennent et leur courent après
En riant et criant
Ils se battent entre eux
Pour être le premier à en attraper

Même si personne n'y arrive
Car les bulles éclatent toujours
Rien n'y fait
Ils s'amusent comme des fous

Ces bulles sont comme nos rêves
Nous leur courons constamment après
Et à chaque fois que nous y approchons
Toujours ils disparaissent

Mais n'est pas cela la beauté de la vie ?

Car ce qui nous rend heureux
C'est de leur courir après

Ces belles bulles multicolores

Taipei, Taiwan, le 3 décembre 2016

燈光
Lights
Lumières

燈光

我喜歡在夜晚的街道上散步
當夜幕逐漸籠罩大地時
路旁兩邊住宅的窗內
開始點亮一盞盞的燈

我喜歡觀看
每扇窗內的燈光

每一盞燈都是
那麼獨一無二

每一盞燈背後
都是一個人生

一個等待著被敘說的故事

2017 年 3 月 1 日，瑞士，優納

Lights

I like to stroll in the streets
When the evening starts to set in
And windows start to light up
One after the other

I like to see the lights
Behind each window

To me
Each light is unique

Because behind each one
Is a life

And a story to be told

Jona, Switzerland, 1 March 2017

Lumières

J'aime me promener dans la rue
Le soir tombé
Quand les fenêtres s'allument
Les unes après les autres

J'aime regarder les lumières
Derrière les fenêtres

Pour moi
Chaque lumière est unique

Car derrière chacune d'elle
C'est une vie

Et une histoire qui attend d'être racontée

Jona, Suisse, le 1er mars 2017

收藏家
The Collector
Le collectionneur

收藏家

我喜歡收藏文字
對我來說它們是珍寶

就像狩獵般
我不斷地在書籍、報紙和雜誌裡
尋覓著

一旦找到一個新字
就去查看字典
將其抄錄在小本裡

逐漸地
在不同時間和地點
蒐集了一頁又一頁新字
翻閱它們時
我感到如此富有

最大的回報
就是這一份
沒有任何事物
能取代的狂喜

從藏品中選出
最合適的珍寶
雕琢出
永恆不朽的感動

2016 年 7 月 17 日，　瑞士，優納

The Collector

I like to collect words
They are like gems to me

I constantly look for new ones
I hunt them down
In books, in newspapers, in magazines

Once I find a new one
I look it up in the dictionary
And carefully copy it into a small notebook

Over time, I now have pages and pages
From different times and places
And feel so rich as I flip through them

But the most rewarding
Is this thrill
When I reach into my collection
And pick the best gems
That befit the day

To craft out
The most enduring
Emotion

Jona, Switzerland, 17 July 2016

Le collectionneur

J'aime collectionner les mots
Ils sont pour moi comme des pierres précieuses

Je suis constamment à leur affût
Je pars à leur chasse
Dans les livres, les journaux, les magazines

Une fois que j'en trouve un
Je le recherche dans le dictionnaire
Et le recopie soigneusement dans un petit calepin

Au fil du temps, j'ai accumulé des pages et des pages
Remplies à des moments et des endroits différents
Et je me sens si riche quand je les feuillette

Mais ma plus grande récompense
C'est cette joie incomparable
Quand je réussis à trouver
Parmi ma collection
Les plus belles gemmes du jour

Pour façonner
L'émotion
La plus éternelle

Jona, Suisse, le 17 juillet 2016

作者簡介
Short biography of the author
Courte biographie de l'auteur

青峰簡介

青峰是一位國際作家及詩人，1962 年出生於臺灣。由於父親工作的原因，他從小隨著家人先後在衣索比亞，臺灣和法國長大。

他畢業于法國頂尖工程師學院之一的 Ecole Centrale de Lyon（法國里昂中央理工學院）。 隨後進入美國康奈爾大學，先後獲得這兩所著名大學的電腦工程碩士學位。

自康奈爾大學畢業後，青峰進入一家國際大型跨國石油公司工作，先後擔任該公司法國，加勒比海和亞洲資深經理職務。青峰於 2008 年搬到瑞士居住，擔任瑞士一家跨國工業集團的資深管理。

青峰自小即展現出寫作天賦。他的作品無論是在臺灣還是在法國的學校，均多次得到高度讚揚。他初中時創作的一首詩 "La Liberté（自由）"，曾獲得法國巴黎市政府頒發的最佳少年詩篇大獎。高中時，被當時就讀的全法國最著名 Lycée Louis-le-Grand 高級中學選中，代表該校參加全國寫作大賽。

青峰目前以中、英、法、三種語言寫作。在他多元化的背景下，將其心靈深處的情感以最簡單，樸素，卻能打動人心的方式表達出來。

他的第一本詩集 "瞬間" 受到眾多讀者喜愛及好評。 "感動" 是青峰的第二本詩集。

他的夫人是一位畫家。兩人平時喜歡出去旅行和做義工服務社會。

Albert Young's short biography

Albert Young is an international writer and poet, born in Taiwan in 1962. He grew up successively in Ethiopia, Taiwan and then France, where his father took the family on his different postings. After graduating from Ecole Centrale de Lyon, a leading French engineering school, he further completed his studies with a Master's degree in Computer Sciences from the Cornell University in the USA. He started his professional career with a major international oil company and held increasingly senior managerial positions in France, in the Caribbean, and then extensively in Asia. He moved to Switzerland in 2008 where he became a senior manager of a major Swiss industrial corporation.

Albert developed his writing skills at an early age. His works were regularly praised at school in Taiwan and in France. He won a special prize from the city of Paris for a piece of poetry he wrote in junior high school ("La Liberté"), and also represented his senior high school, the prestigious Lycée Louis-le-Grand in Paris, in a French national writing contest.

Albert writes in English, French and Chinese. He draws from his multicultural roots and aims at developing a minimalist, purified, easily accessible and yet impactful style, to convey the deepest inner feelings and emotions.

His first collection of poetry "Moments" received good reviews from readers and critics alike. "Emotions" is his second collection of poetry.

He is married to a Chinese painter. Together with his wife, they enjoy traveling and engaging in social work.

Courte biographie d'Albert Young

Albert Young est un écrivain et poète international, né à Taiwan en 1962. Il a grandi successivement en Ethiopie, à Taiwan puis en France, où son père a été en poste et a emmené sa famille. Diplômé ingénieur de l'Ecole Centrale de Lyon, il a ensuite poursuivi ses études à l'université Cornell aux Etats Unis où il a obtenu un Master en informatique. Il a commencé sa carrière avec une grande société pétrolière multinationale, et a évolué vers des postes de responsabilités croissantes, en France, dans les Caraïbes, puis longuement en Asie. Il est installé en Suisse depuis 2008 où il est devenu cadre dirigeant dans une grande société industrielle Suisse.

Albert a révélé ses talents littéraires dès son plus jeune âge. Ses œuvres ont souvent été récompensées dans le cadre de ses études à Taiwan comme en France. Il a obtenu un prix spécial de la ville de Paris pour un poème, "La Liberté", qu'il avait écrit au collège. Il a été sélectionné pour représenter le lycée Louis-le-Grand à Paris pour le Concours Général littéraire.

Albert écrit aujourd'hui en français, anglais et chinois. Il s'inspire de ses origines multiculturelles et cherche à développer un style minimaliste et pur, à la fois facilement accessible et fortement marquant, pour exprimer les sentiments et les émotions les plus profonds.

Son premier recueil de poésie "Moments" reçut un bon accueil du public et des critiques. "Emotions" est son deuxième recueil de poésie.

Il est marié à une artiste peintre chinoise. Avec son épouse, ils voyagent et font du volontariat.

國家圖書館出版品預行編目資料

感動：**青峰詩選** / 青峰 Albert Young 著.
-- 初版. --臺北市：文史哲，民 106.05
頁；　公分（文史哲詩叢；130）
ISBN 978-986-314-366-6（平裝）

851.486　　　　　　　　　106006957

感　動 Emotions　文史哲詩叢 130
著　　者：青　　　　　　　　　　峰
出 版 者：文　史　哲　出　版　社
　　　　　http://www.lapen.com.tw
　　　　　e-mail:lapen@ms74.hinet.net
登記證字號：行政院新聞局版臺業字五三三七號
發 行 人：彭　　　正　　　雄
發 行 所：文　史　哲　出　版　社
印 刷 者：文　史　哲　出　版　社
　　　　　臺北市羅斯福路一段七十二巷四號
　　　　　郵政劃撥帳號：一六一八○一七五
　　　　　電話886-2-23511028・傳眞886-2-23965656
定　　價：NT 300 元　　Euros 20 元
ＩＳＢＮ　978-986-314-366-6
出版日期：二○一七年(民 106 年)五月初版

著財權所有・侵權者必究

Copyright–2017 by Albert Young（青峰）
封面圖案: 尹燕君
Front cover artwork: Stella Yin
Published by THE LIBERAL ARTS PRESS
All rights reserved. Printed in Taiwan